CONTINENTES

WITHDRAWN

Suramérica

Mary Virginia Fox

Heinemann Library
Chicago, Illinois

© 2009 Heinemann Library a division of Pearson Inc.
Chicago, Illinois
Customer Service 888-454-2279
Visit our website at www.heinemannraintree.com

Designed by Joanna Hinton-Malivoire and Q2A Creative
Printed in China by South China Printing Company
Translation into Spanish by DoubleO Publishing Services

13 12 11 10 09
10 9 8 7 6 5 4 3 2 1

ISBN-10: 1-4329-1755-2 (hc) – ISBN-10: 1-4329-1763-3 (pb)
ISBN-13: 978-1-4329-1755-5 (hc) – ISBN-13: 978-1-4329-1763-0 (pb)

Library of Congress Cataloguing-in-Publication Data

Fox, Mary Virginia.
  [South America. Spanish]
  Suramérica / Mary Virginia Fox.
     p. cm. – (Continentes)
  Includes index.
  ISBN 978-1-4329-1755-5 (hardcover) – ISBN 978-1-4329-1763-0 (pbk.)
  1. South America–Juvenile literature. 2. South
America–Geography–Juvenile literature. I. Title.
  F2208.5.F69518 2008
  980–dc22
                        2008019416

Acknowledgments
The publishers are grateful to the following for permission to reproduce copyright material: Earth Scenes/Fabio Colonbini, p. 5; Photo Edit/E. Zuckerman, p. 6; Earth Scenes/Breck P. Kent, pp. 9, 19; Tony Stone/Kevin Schafer, p. 11; Corbis/Adam Woolfitt, p. 13; Brian Vikander, p. 14; Animals Animals/Partridge, p. 15; Earth Scenes, p. 16; DDB Stock Photo/ Robert Fried, p. 21; Tony Stone/Avenida Paulista, p. 22; Peter Arnold/Jeff Greenberg, Inc., p. 23; Earth Scenes/Nigel J. H. Smith, p. 24; Earth Scenes/Michael Fogden, p. 25; Bruce Coleman/Timothy O'Keefe, Inc., p. 27; Tony Stone/Ary Diesendruck, p. 28; Photo Researchers/Georg Gerster, p. 29.

Cover photograph of South America, reproduced with permission of Science Photo Library/ Tom Van Sant, Geosphere Project/ Planetary Visions.

The publishers would like to thank Kathy Peltan, Keith Lye, and Nancy Harris for their assistance in the preparation of this book.

Every effort has been made to contact copyright holders of any material reproduced in this book. Any omissions will be rectified in subsequent printings if notice is given to the publisher.

Algunas palabras aparecen en negrita, **como éstas**.
Puedes averiguar sus significados en el glosario.

Contenido

¿Dónde queda Suramérica?

Un continente es una extensión de tierra muy grande. En el mundo hay siete continentes. Suramérica es uno de ellos. Una angosta franja de tierra conecta Suramérica con el continente de Norteamérica.

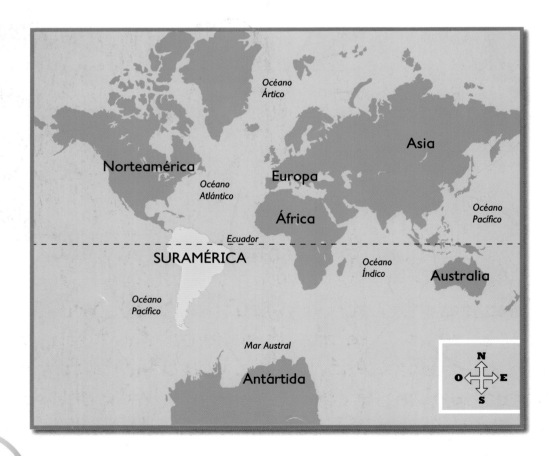

▲ *La costa de Brasil tiene muchas playas de arena.*

Suramérica está rodeada por océanos, casi en su totalidad. En el oeste se encuentra el océano Pacífico. En el este, el océano Atlántico. La mayor parte de Suramérica está debajo del **ecuador**. El ecuador es una línea imaginaria ubicada alrededor del centro de la Tierra.

5

Clima

El **ecuador** atraviesa Suramérica cerca de su parte más ancha. Allí hay muchas **selvas tropicales**. El clima es caluroso y lluvioso todo el año. Al norte y al sur de las selvas tropicales hay praderas. En ellas, el clima es principalmente caluroso y seco.

Suramérica tiene la selva tropical más grande del mundo.

▲ *El sinuoso río Amazonas atraviesa la selva tropical.*

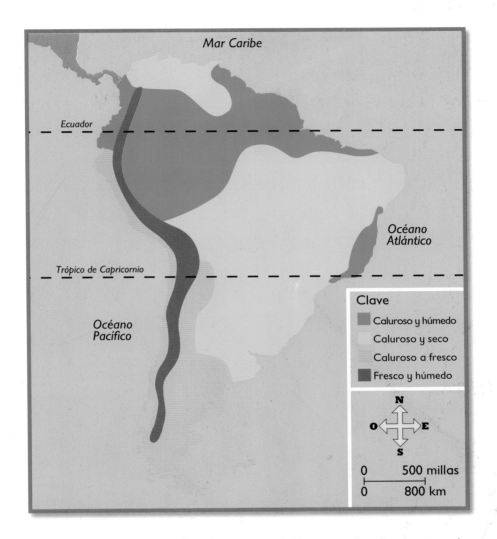

Las altas montañas de la cordillera de los Andes se encuentran en el oeste de Suramérica. Allí, el clima es frío y lluvioso. En el extremo sur de Suramérica, el clima es muy frío y ventoso.

Montañas y desiertos

La **cordillera** de los Andes se encuentra en Suramérica. Es la cordillera de mayor extensión del mundo. Hay cientos de **volcanes** en los Andes. Algunos todavía hacen **erupción**. El pico más alto es el monte Aconcagua, en Argentina.

En las minas de los Andes se **extrae** oro, plata y cobre.

En algunas partes del desierto de Atacama nunca ha llovido.

▲ *El desierto de Atacama, en Perú, es muy rocoso.*

En la costa oeste de Suramérica hay **desiertos**. Allí nunca llueve. Durante el día, la temperatura en estos desiertos puede alcanzar los 122 °F (50 °C), pero de noche hace un frío glacial.

Ríos

El Amazonas es el segundo río más largo del mundo. Es más caudaloso que cualquier otro río. Nace en un helado lago de los Andes. Luego, fluye a través de la densa **selva tropical** hacia el océano Atlántico.

El Salto El Ángel es la cascada más alta del mundo.

▲ *El Salto El Ángel se encuentra en Venezuela.*

El Salto El Ángel es una cascada de agua muy alta que se encuentra en Venezuela. El agua cae en un profundo **barranco**. La energía del agua se utiliza para generar electricidad.

Lagos

Suramérica tiene muchos lagos de gran tamaño. El lago Titicaca se encuentra en las alturas de la cordillera de los Andes. Entre los **juncos** de las orillas viven ranas gigantes. Con los juncos se construyen botes para pescar en el lago.

El lago Guatavita también está en los Andes. Hace muchos años, se creía que el sol había nacido allí. Antes de que un nuevo **soberano** asumiera el poder, tenía que navegar hasta el centro del lago y arrojar al agua ofrendas de oro para los dioses.

▲ *El lago Guatavita también está en los Andes, en Colombia.*

Animales

En lo alto de las montañas, los granjeros crían llamas, vicuñas y alpacas. Estos fuertes animales se parecen a los camellos, proporcionan leche y carne. Su **bosta** se utiliza como combustible. Con su fina lana se hace ropa.

▲ *Las alpacas transportan hierba en Perú.*

Una anaconda puede abrir sus mandíbulas lo suficiente como para comerse una cabra entera.

▲ *Una anaconda busca su presa.*

Miles de especies de animales viven en las **selvas tropicales** de Suramérica. En los árboles viven loros y monos. La anaconda es una de las víboras más grandes del mundo. Espera en los ríos para lanzarse sobre sus **presas**.

Vegetación

▲ *La savia se desprende de un árbol de caucho.*

Cientos de productos provienen de árboles y plantas de Suramérica. El caucho se fabrica con la **savia** que se extrae de los árboles de caucho. La goma de mascar está hecha con la sustancia de otro árbol. Muchas medicinas provienen de plantas de Suramérica.

El chocolate se hace con semillas del árbol de cacao. Estos árboles crecen en las **selvas tropicales**. Hoy día, el cacao se cultiva en granjas.

Los pueblos de Suramérica fueron los primeros en hacer chocolate.

▲ *En Brasil crecen árboles de cacao.*

Idiomas

En este mapa se muestran los países de Suramérica. La mayoría de las personas de estos países habla español o portugués. Hace más de 500 años llegaron exploradores de España y Portugal y se quedaron a vivir en Suramérica.

▲ *El pueblo yahua vive en Perú.*

Los primeros pobladores de Suramérica eran **indígenas americanos**. Tenían sus propios idiomas y tradiciones. El pueblo yahua de Perú aún habla en su propio idioma.

Ciudades

Este mapa muestra las principales ciudades de Suramérica. Río de Janeiro está en Brasil. Es el **puerto** más importante de Suramérica. Es famosa por sus playas y alegres **carnavales**.

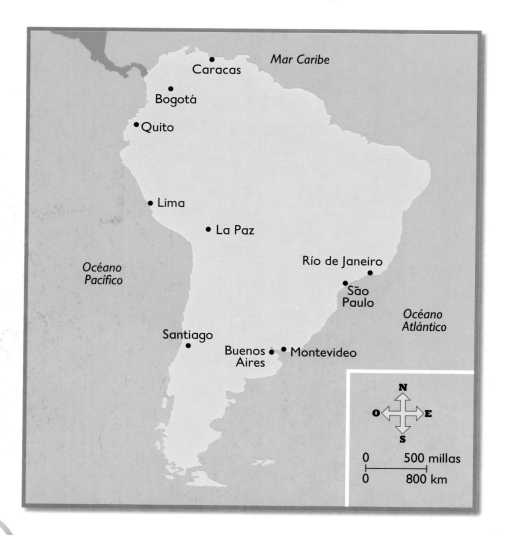

Santiago es una hermosa ciudad. Es la **capital** de Chile. Fue construida por los **colonizadores** españoles, cerca de la cordillera de los Andes. Los habitantes de Santiago ganaron dinero trabajando en las **minas** de plata y cobre.

▲ *Vista de Santiago.*

São Paulo, Brasil, es la ciudad más grande de Suramérica.

▲ *São Paulo tiene un puerto muy importante.*

São Paulo es una **ciudad portuaria** muy importante de la costa del sureste; también es un importante centro de compra y venta de café. São Paulo tiene muchas fábricas que producen acero, productos químicos y televisores.

Quito es unas de las ciudades del mundo situadas a mayor altura.

▲ *Quito se encuentra en Ecuador.*

Quito está construida junto a un **volcán**. Es la **capital** de Ecuador. Quito es unas de las ciudades más antiguas de Suramérica. Hace unos 500 años, era la capital de un antiguo reino gobernado por el pueblo inca.

Áreas rurales

En las **selvas tropicales** de Suramérica, muchas personas viven en los ríos. Hoy, esta forma de vida está en peligro, pues se talan muchos árboles para obtener **madera** o para dedicar tierras al cultivo.

La manera más fácil de ir de un poblado a otro es en bote.

▲ *Algunas casas en el río Amazonas están construidas sobre pilotes.*

▲ *Esta casa peruana está hecha de arcilla.*

Las casas con gruesos muros de arcilla protegen a los **pastores** del frío de las montañas. Cerca de la selva tropical, los agricultores cultivan café, cacao y remolacha. En el sur, donde el clima es más frío, se cultiva trigo. Hay grandes fincas de ganado.

Lugares famosos

Tierra del Fuego es un grupo de islas rocosas en el extremo sur de Suramérica. Los primeros colonizadores europeos la llamaron así porque desde sus barcos vieron asombrosas y persistentes fogatas. Hoy día es un **parque nacional** con pingüinos y focas.

El pueblo inca construyó esta ciudad amurallada hace más de 500 años.

▲ *Machu Picchu es una antigua ciudad de Perú.*

Machu Picchu está ubicada en la cordillera de los Andes. Durante cientos de años se mantuvo oculta al resto del mundo. La ciudad tenía casas, palacios y **templos**. También había un observatorio que se utilizaba para estudiar las estrellas.

Esta estatua se enciende durante la noche.
Puede verse a muchas millas de distancia.

▲ *La estatua está en una montaña de Río de Janeiro.*

En Río de Janeiro, una estatua gigante de Jesucristo está orientada hacia el puerto. Muchas personas de Suramérica son **cristianas**. Los **colonizadores** españoles y portugueses construyeron iglesias y catedrales en todo el continente.

En Suramérica, muchas personas trabajan en **minas**. En Chile, los mineros extraen cobre. En Perú, plata. En Colombia se extrae oro, esmeraldas y sal.

Hasta las estatuas de esta iglesia están talladas en sal.

▲ *Esta iglesia de Colombia está construida dentro de una mina de sal.*

Datos y cifras

Ríos más largos de Suramérica

Nombre del río	Longitud en millas	Longitud en kilómetros	Países	Desemboca en
Amazonas	4,000	6,437	Perú, Colombia, Brasil	océano Atlántico
Paraná (Río de la Plata)	2,484	3,998	Brasil, Argentina, Paraguay	océano Atlántico
Purús	2,100	3,379	Brasil, Perú	río Amazonas
Madeira	2,103	3,239	Brasil	río Amazonas

Montañas más altas de Suramérica

Nombre de la montaña	Altura en pies	Altura en metros	País
Aconcagua	22,841	6,962	Argentina
Ojos del Salado	22,572	6,880	Chile
Bonete	22,546	6,872	Argentina
Mercedario	22,211	6,770	Argentina, Chile
Huascarán	22,205	6,768	Perú

Datos récord de Suramérica

La **selva tropical** del Amazonas, en Suramérica, es la selva tropical más grande del mundo.

Esta selva tiene más especies de vegetación que cualquier otra en el mundo.

La **cordillera** de los Andes es la más extensa del mundo. Se extiende por más de 4,474 millas (7,200 km).

El **desierto** de Atacama, en Chile y Perú, es uno de los lugares más secos del mundo.

El Salto El Ángel, en Venezuela, tiene la cascada más alta del mundo: el agua cae una altura de 3,212 pies (979 metros).

Glosario

barranco: valle de río muy profundo, con laderas rocosas y pronunciadas

bosta: excremento de algunos animales, como caballos o llamas

capital: ciudad donde trabajan los dirigentes del gobierno

carnaval: fiesta popular, alegre y ruidosa

ciudad portuaria: pueblo o ciudad con un puerto, donde los barcos llegan y desde donde salen

colonizador: persona que se establece en otro territorio

cordillera: cadena de montañas conectadas unas con otras

cristiano: persona que practica la religión llamada cristianismo

desierto: área seca y calurosa, con pocas lluvias

ecuador: línea imaginaria que divide la Tierra por la mitad

erupción: emisión de rocas, lava y cenizas calientes

indígenas americanos: primeros pobladores de Suramérica y Norteamérica

junco: tipo de hierba alta

madera: material del que están compuestos los árboles

mina: lugar de donde se extraen minerales que se encuentran debajo de la superficie de la Tierra

parque nacional: terreno silvestre protegido por el gobierno

pastor: persona que cuida un grupo de animales

presa: animal que es comido por otros animales

savia: líquido que está en el interior de una planta o árbol

selva tropical: selva con densa vegetación y abundantes lluvias todo el año

soberano: persona que gobierna un país, como una reina o un presidente

templo: lugar construido para venerar a un dios o diosa

tropical: lugar caluroso y húmedo cerca del ecuador

volcán: orificio en la tierra que arroja roca derretida y caliente

Más libros para leer

Montoriol, Mónica. *Llegué de Colombia*. La Galera, 2005.

Phol, Kathleen. *Descubramos Argentina*. Gareth Stevens, 2008.

Thomas, Mark. *La represa de Itaipú: La represa más grande del mundo*. Buenas Letras/Rosen Publishing Group, 2003.

Índice